QUELQUES MOTS

SUR LES

RÉFORMES NÉCESSAIRES

EN ALGÉRIE

PAR

LE BARON DE BEAUFRANCHET

PARIS

E. DENTU, LIBRAIRE-EDITEUR

PALAIS-ROYAL, 15-17-19, GALERIE D'ORLÉANS

—

1883

QUELQUES MOTS

SUR LES

RÉFORMES NÉCESSAIRES

EN ALGÉRIE

PAR

LE BARON DE BEAUFRANCHET

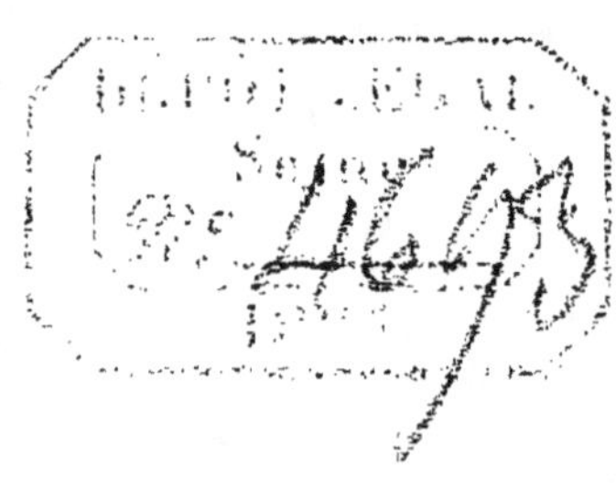

PARIS

E. DENTU, LIBRAIRE-ÉDITEUR

PALAIS-ROYAL, 15-17-19, GALERIE D'ORLÉANS

—

1883

QUELQUES MOTS

SUR LES

RÉFORMES NÉCESSAIRES

EN ALGÉRIE

Nous avons fait paraître l'année dernière une brochure où nous nous sommes appliqué à exposer ce qui nous paraît défectueux dans l'ensemble de la colonisation algérienne et à proposer les moyens les plus efficaces, selon nous, pour y remédier.

Beaucoup de personnes ont bien voulu, non-seulement lire ce petit travail, mais encore nous faire quelques observations, soit pour nous encourager à le continuer, soit pour en critiquer certaines parties.

Dans ces critiques, le reproche qui s'est renouvelé le plus souvent a trait à la sévérité avec laquelle nous jugeons l'Arabe au point de vue de la colonisation.

On nous accuse d'être hostile à l'indigène : ce reproche n'est pas justifié. Nous n'avons aucun parti pris contre lui, mais nous sommes obligé de le représenter tel qu'il est réellement.

Or, nous l'avons dit, et nous le répétons, l'Arabe est paresseux, voleur et menteur. Nous ne dirons point pour cela qu'il faille le détruire ou le refouler dans le désert, mais nous soutenons que la différence de religion, l'habitude de la polygamie et de la vie nomade, ainsi que les défauts propres à sa race, sont autant d'obstacles à son absorption définitive.

L'Arabe a certainement des qualités : il est fin, courageux, sobre, offre corporellement une grande résistance, il a la haine de l'oppresseur ; mais toutes ces qualités n'ont pas de valeur au point de vue qui nous occupe, si toutefois même elles ne présentent pas un danger.

Les lois qui sont contenues dans le Coran, en même temps que les préceptes religieux, ont été faites dans le but de mettre l'Arabe en antagonisme continuel avec les races chrétiennes, et de lui apprendre dès son enfance que le mal fait à un roumi lui sera compté comme une bonne action dans l'autre monde. Sa morale est toute différente de la nôtre. Ainsi les Arabes ne considèrent pas le vol comme une mauvaise action. Ils ont sur ce point les idées des anciens Spartiates et les poussent même plus loin qu'eux.

Que l'un d'eux soit condamné pour vol, sa peine finie, il retrouve dans sa famille et dans sa tribu une considération au moins égale à celle dont il jouissait avant sa faute.

Nous avons souvent entendu des magistrats déclarer qu'il leur était presque impossible d'arriver à instruire une affaire lorsqu'il s'y trouvait mêlés plusieurs indigènes, chaque individu déposant d'une manière différente.

L'un d'eux même nous racontait, qu'un Arabe lui ayant fait une déposition complétement contraire à celle du jour précédent, avait répondu aux observations qui lui étaient adressées à cet égard qu'il avait, la veille, pensé faire plaisir au magistrat en déposant dans le premier sens.

Il faudrait appliquer avec sévérité les lois sur le faux témoignage, mais les magistrats hésitent à cause de la quantité de condamnations qu'ils auraient à prononcer.

Comme nous le disions l'année dernière, le Kabyle, par sa nature même, peut rendre de bien plus grands services que l'Arabe au point de vue de la colonisation; aussi tous les efforts doivent-ils tendre à les amener, par suite des avantages qui leur seraient concédés, à vivre dans des maisons et à renoncer à la polygamie.

Quant à l'Arabe proprement dit, la seule solution qui semble pratique à son égard consiste dans la répartition de la terre entre les individus de chaque tribu.

La chose, du reste, est non-seulement déjà admise en principe, mais encore elle a depuis nombre d'années reçu un commencement d'exécution.

Malheureusement, et nous ne savons pourquoi, l'administration a interrompu cette répartition, en laissant de côté les travaux préparatoires déjà terminés. Si elle n'a pas eu de raisons graves pour agir ainsi elle est bien coupable.

Citons un fait :

Il se trouve, près d'une propriété que nous habitons six mois de l'année, deux tribus pour lesquelles la répartition des terres est faite sur le papier depuis cinq ans, et on ne parle pas encore de la rendre effective ; il a même été répondu à une observation que nous faisions à ce sujet, que le travail devait être refait en partie, les décès ayant nécessité des changements.

Mais ne semble-t-il pas qu'attendre est un remède qui ne fera qu'augmenter le mal, et ne devrait-on pas plutôt se hâter de mettre un terme à cette situation, qui est essentiellement préjudiciable au peuple arabe?

Il est impossible, en effet, de compter sur un progrès dans la culture, tant que la propriété sera collective. C'est là une des raisons principales qui empêchent l'Arabe de travailler. Pourquoi ferait-il des améliorations, puisqu'il ne doit pas être appelé à en profiter? Le second inconvénient que présente la propriété collective, c'est que, les terres étant immobilisées faute d'un propriétaire bien défini, les Européens ne peuvent les acheter.

Il est question, en ce moment, en France, d'une loi sur les récidivistes : nous ne nous permettrons pas d'en parler en ce qui concerne la métropole, mais nous croyons qu'elle serait d'une grande utilité en Algérie.

L'Arabe craindrait cet inconnu, qui l'attend dans un pays dont il ne se fait pas une idée, tandis que nos prisons ne lui inspirent aucune terreur. Il sait qu'il y sera mieux logé et mieux nourri que chez lui.

On cite à Bône le cas d'un détenu qui, étant parvenu à s'évader le matin, voulut rentrer le soir et ut fort désappointé de trouver porte close.

Il ne manqua pas, dit-on, l'ouverture des portes le lendemain matin.

On raconte aussi que des gendarmes conduisant douze hommes en prison furent fort étonnés, à l'arrivée, d'en trouver quatorze. Il leur fallut découvrir quelles étaient les deux recrues qui rêvaient de se faire loger et nourrir aux frais du gouvernement.

———

Maintenant, qu'il nous soit permis de faire quelques observations sur un article de M. Paul Leroy-Beaulieu, publié, au mois d'octobre dernier, dans la *Revue des deux Mondes*.

On nous trouvera peut-être bien osé de juger les écrits d'un homme de cette valeur, mais notre excuse est dans la connaissance approfondie que nous avons du pays et qui, à défaut de talent d'écrivain, nous permet de juger sainement ce qui s'y passe.

Disons tout d'abord que nous sommes heureux de voir M. Leroy-Beaulieu penser comme nous que la répartition des terres entre les indigènes fera faire un pas immense à la colonisation. Comme lui aussi, nous croyons qu'il est déplorable, lorsque des expropriations de terres arabes ont lieu, que l'État ne trouve aucun autre moyen d'en régler le paiement que de verser ces sommes à la Caisse des dépôts et consignations.

Nous savons bien que la répartition des sommes dues est très-difficile à faire, mais il n'est pas admissible cependant que l'on prenne de force la propriété d'un individu, que l'on en fixe le prix soi-même, puis qu'ensuite on le garde dans une caisse à soi.

C'est là une injustice criante, qu'aucun particulier n'oserait commettre. Pourquoi le gouvernement se montrerait-il moins scrupuleux? Sans doute il faut user d'une grande sévérité vis-à-vis des Arabes, mais il faut que cette sévérité soit tempérée par une grande justice.

Nous arrivons à regret aux questions sur lesquelles nous différons d'opinion avec l'éminent écrivain de la *Revue des deux Mondes*.

L'auteur reproche au gouvernement français d'avoir créé des délits spéciaux pour les Arabes. La vérité n'est-elle pas plutôt que c'est à nous, Européens, qu'il est interdit, sous les peines les plus sévères, de faire ce qui est permis aux indigènes?

Que l'un de nous prenne, en Algérie, la fantaisie d'avoir deux femmes légitimes, il verra bien que ce qui est permis à un Arabe est défendu à un Français; que, de même, il aille dresser sa tente sur la voie publique ou sur un terrain communal, et il verra si un agent de l'autorité ne viendra pas aussitôt le rappeler au respect de la loi.

Qu'y a-t-il donc d'étonnant, dès lors, à ce que les Arabes, quand ils veulent déplacer leurs campements, soient obligés de demander une autorisation ?

M. Leroy-Beaulieu répète avec certaines personnes qu'en Algérie les Arabes sont chez eux. Alors que faisons-nous dans ce pays?

Comment, nous leur avons fait une guerre sérieuse qui a duré trente ans, et dans un jour de malheur qui a été un jour d'espoir pour eux, ils se sont jetés sur nous pour essayer de nous détruire, et l'on nous parle d'en faire *des sujets loyaux et dévoués, des collaborateurs utiles!*

Ceux qui écrivent de pareilles choses peuvent-ils bien les croire, et si, en France, on pense que les sacrifices d'hommes et d'argent que nous avons faits, depuis cinquante ans, ne nous ont pas donné le droit de dire que nous sommes *chez nous en Algérie,* il ne nous reste plus qu'à enlever de son sol tout ce qui porte le nom français, puis en retirer nos troupes et laisser les nations étrangères assister à la destruction de leurs nationaux, si elles n'arrivent assez à temps pour y mettre bon ordre.

Si vous l'osez, donnez donc ce conseil au pays.

Passons à une dernière critique, conséquence de celle qui précède : M. Leroy-Beaulieu désirerait que les Arabes fussent représentés aux Chambres françaises. Nous ne comprenons pas bien à quel titre on pourrait les admettre dans nos assemblées. Ils ne veulent pas être Français. Comment donc pourraient-ils s'occuper de nos affaires et dans quel sens le feraient-ils, eux dont le patriotisme ardent a engendré une implacable haine contre nous.

Il n'y a donc pas de milieu : ou faisons ce qui est indispensable pour coloniser, ou quittons ce pays sur lequel, suivant l'auteur de l'article, nous n'avons aucun droit.

———

La colonisation s'est faite jusqu'à présent par la formation de villages que l'on crée dans les endroits choisis par l'administration.

Des Français reçoivent là à titre gratuit, mais à certaines conditions, des concessions de terrains. Cette année pourtant quelques essais de vente ont été faits.

La formation des villages est certainement une bonne chose; mais ne commet-on pas bien des fautes dans leur installation et ne ferait-on pas mieux de laisser plus d'initiative aux intéressés dans le choix de la position?

Du reste, cette question sera traitée un peu plus loin dans ce travail.

Il arrive souvent que, par négligence ou par défaut d'intelligence, les personnes qui ont la mission de choisir les emplacements des villages proposent et font accepter des localités malsaines ou impropres à leur destination.

Il est clair que la formation de ces villages est une cause de travail pour les agents inférieurs de l'administration ; un Européen donne, à ce point de vue, plus de peine que cent Arabes. En outre elle diminue leur petite puissance, qui ne peut plus s'exercer vis-à-vis des Européens comme vis-à-vis des Arabes. Aussi n'est-il pas étonnant que ces fonctionnaires, confondant leur intérêt personnel avec l'intérêt public, ne favorisent pas le développement de la colonisation.

Lorsqu'un colon arrive de France, avec une promesse de concession, il est presque toujours exposé à attendre un certain temps avant d'être mis en possession.

Il est alors forcé de dépenser dans l'attente une partie de son avoir, ce qui réduit souvent ses ressources à bien peu de chose.

Quelquefois il compte se trouver dans un endroit qui lui plaît, auprès d'amis ou de parents ; au lieu de cela, il est envoyé sur un point que lui indique l'administration et qui ne lui convient sous aucun rapport. De là un découragement profond, avant même d'avoir commencé son installation.

Arrivé dans un village qu'on crée, il se trouve en face d'un terrain nu qu'il faut défricher, sur lequel il faut bâtir.

Il est obligé en outre d'acheter un mobilier, des bestiaux, des instruments de travail, des semences, puis il faut qu'il laboure et attende la récolte ; bien heureux si elle répond à ses espérances et si lui-même n'est pas arrêté par la fièvre au milieu de son travail.

On a certainement bien fait en autorisant les colons à hypothéquer leurs terres. Mais souvent ils ne trouvent pas à emprunter une somme assez considérable.

D'un autre côté, l'intérêt auquel ils empruntent est trop élevé, il absorbe tous les bénéfices si la récolte est bonne, et ruine le colon si elle est mauvaise.

Comment donc remédier à tous ces inconvénients? Nous pensons qu'on devrait d'abord achever rapidement tous les villages dont la formation est arrêtée. Puis, lorsqu'on aurait rempli toutes les promesses faites et casé tous les colons qui attendent, abandonner définitivement le système des dons de terre, ou, dans le cas où l'on voudrait en conserver quelque trace, appliquer la méthode suivante :

Le gouvernement devrait faire établir de suite un état des terres de toute provenance qui lui restent, ainsi que des communaux susceptibles de culture et des endroits propres à la création des olivettes. Ceci fait, il mettrait le tout aux enchères publiques, par parcelles variant de trente à cinquante hectares.

La mise à prix serait de 100 fr. par hectare de terres labourables, et de 1 fr. par tête d'olivier sauvage à greffer.

Le colon se mettrait à bâtir, à greffer, et une fois les travaux exécutés et vérifiés, le gouvernement lui ferait remise du prix d'acquisition, jusqu'à concurrence des sommes qu'il aurait dépensées, soit en construction, soit en mise en culture, à condition toutefois qu'elles ne dépassent pas le chiffre de la mise à prix.

Pour mieux expliquer notre pensée, prenons un exemple :

Supposons une propriété de cent hectares, dont la mise à prix de 10.000 fr. est poussée jusqu'à 12.000 fr.

Lorsque l'acquéreur aura dépensé en bâtisse les 10.000 fr. qui représentent la mise à prix, il en fournira la preuve et n'aura plus que 2.000 fr. à donner à l'Etat.

Il est bien entendu que les travaux exécutés ne pourront jamais entrer en compensation dans le prix d'adjudication que jusqu'à concurrence de la mise à prix.

Tout ce qui dépassera la mise à prix sera dû à l'Etat. Si donc le colon n'a dépensé en travaux que 5.000 fr., il lui restera 7.000 fr. à payer à l'Etat. De même pour les olivettes : on calculerait approximativement ce qui peut se trouver de pieds à greffer dans le terrain à vendre, et au bout de deux ans, après l'exécution et la vérification des travaux, le gouvernement ferait remise à l'acquéreur de 1 fr. par pied d'arbre greffé, jusqu'à concurrence de la mise à prix.

Voyons maintenant quelles sont les parties qui pourraient être mises en valeur; elles seraient, selon nous, assez considérables, même si l'on ne donnait pas suite au projet d'exproprier une certaine quantité de terres arabes.

Il y aurait d'abord les terrains appartenant encore à l'Etat, ceux encore plus considérables qui seraient vendus par les indigènes après la répartition de la propriété.

Enfin, on devrait prendre, selon nous, toutes les olivettes ou les terres susceptibles de culture qui se trouvent dans les parties communales françaises ou arabes, et ne laisser dans ces communes que les terres de pâture, qui sont très-considérables dans le Tell.

Dans le cas où on ne voudrait pas aller aussi loin, c'est-à-dire vendre tout ce qui est susceptible d'être cultivé, on pourrait au moins prendre un dixième des communaux qui dépasseraient 1.000 hectares et deux dixièmes pour ceux ayant plus de 2.000 hectares. Ce serait encore, dans certaines contrées, une ressource très-sérieuse.

Voilà, selon nous, comment on devrait procéder.

Dans les communes ou tribus possédant 1.000 hectares ou plus de communaux, tout Français serait autorisé à déclarer qu'il veut en acheter une partie, qui ne devrait pas réduire le communal de plus du dixième.

Sa déclaration faite, la partie désignée par lui serait mise à prix à 100 fr. l'hectare et vendue aux enchères publiques soit d'après la méthode que nous indiquons plus haut, soit à prix versé intégralement.

Qu'il nous soit permis de remarquer que, jusqu'à présent, les quelques ventes qui se sont faites ont eu lieu en général sur des mises à prix dérisoires qui les transformaient plutôt en dons.

Nous pensons que le prix de 100 fr., sans être considérable, devrait être admis, sauf pour les parties où il n'y aurait que du roc ou pour celles impossibles à utiliser ; la dépense appréciable faite ainsi par le colon l'amènerait forcément à cultiver pour ne pas perdre le fruit de ses avances.

En suivant cette méthode, nous pensons qu'on arriverait à donner un grand essor à notre colonisation, sans faire aucun tort aux communes et aux tribus, car on ne peut s'imaginer en France le nombre de milliers d'hectares qui font partie des communaux.

Une preuve bien convaincante de ce que l'étendue de ces derniers dépasse les besoins des agglomérations, c'est que, dans certaines parties, on en loue des quantités considérables.

Ceux même des tribus sont presque toujours pris à bail par les cheicks, qui les sous-louent à leurs administrés, en faisant un bénéfice assez sérieux.

Ceci, croyons-nous, n'est pas légal, et est en tout cas d'une moralité douteuse. Les communaux français ne trouvent pas souvent locataires parce qu'il faudrait les diviser en beaucoup de parcelles, et qu'il n'y a que les Arabes qui soient capables d'un pareil travail.

On arriverait ainsi à avoir l'immense avantage de permettre la mise en rapport d'une grande

quantité d'olivettes, dont la culture a été fort négli-
gée jusqu'à présent, et qui est pour notre colonie,
à n'en pas douter, une des plus grandes sources
futures de richesse.

L'abandon dans lequel on a laissé cette culture
vient du besoin que les colons ont, en s'installant,
de recueillir un produit immédiat et de ce que, si
le travail et les frais ne sont pas considérables,
l'on ne peut guère espérer voir les arbres produire
avant cinq ou sept ans et être en plein rapport
sérieux avant une dizaine d'années.

Il est donc très-difficile de demander à des gens
qui ont de là peine à vivre au jour le jour, de travailler dans l'espoir d'un rapport aussi éloigné.

Nous ne saurions dire si l'administration veut
créer des villages, mais notre opinion bien arrêtée
est que, si elle veut en continuer la création, il faut
leur donner une plus grande importance, car il est
très-facile de remarquer que tous les petits centres
créés tendent à disparaître, autant par la ruine
d'une partie des habitants que par l'absorption qui
est faite des lots par un ou plusieurs propriétaires
plus riches que les autres. Ceux-ci, ne pouvant
s'agrandir du côté des Arabes tant que la propriété
sera collective, se rejettent tout naturellement sur
les terres de colonisation.

Si les agglomérations arrivent à un certain chiffre,

le centre ne sera pas détruit par ces diminutions et prospérera, si sa position est bonne, d'ailleurs, sous le rapport de l'eau, de la fertilité et de la salubrité.

Pour toutes ces raisons, la liberté d'installation et, par conséquent, les ventes nous semblent d'une nécessité indiscutable.

En agissant comme nous conseillons de le faire, l'administration aurait encore un avantage énorme, celui de pouvoir attendre que les centres soient créés avant de faire la dépense des mairies et des écoles, et de les placer ainsi à l'endroit le plus avantageux sans risquer de se tromper.

Une dernière observation avant de terminer cette dernière partie de notre travail. Le colon, si on adoptait la méthode de vente que nous proposons plus haut, n'aurait pas besoin de plus de fonds que maintenant, puisqu'il trouverait à hypothéquer comme aujourd'hui une propriété dont il aurait immédiatement les titres.

Depuis longtemps la Tunisie et l'Algérie ont eu une grande renommée agricole.

Du temps des Romains l'Égypte et ces contrées fournissaient la plus grande partie des grains pour l'approvisionnement de Rome. Aujourd'hui, bien qu'en produisant une quantité sérieuse, cette production est de beaucoup diminuée.

A quoi tient ce fait? On ne peut l'expliquer d'une manière certaine. Peut-être les eaux étaient-elles mieux aménagées. Tout porte à croire que beaucoup de terrains aujourd'hui couverts de broussailles étaient régulièrement cultivés à l'époque dont nous parlons.

Un fait incontestable, c'est que la production des céréales n'est nullement rémunératrice aujourd'hui pour l'Européen, même dans les parties propres à cette culture, et que l'on a presque toujours deux ou trois mauvaises récoltes pour une bonne.

On comprend facilement comment cet état de choses est préjudiciable à l'installation des colons.

Nous sommes donc certains qu'il faut chercher ailleurs les moyens de prospérité. Selon nous, les cultures rémunératrices sont celles de la vigne, de l'olivier et en troisième ligne du tabac. On trouve aussi dans l'élevage et l'engraissement des bœufs un intérêt convenable de son argent.

Malheureusement, toutes ces parties de l'agriculture demandent des avances de fonds ou de travail considérables.

Pour la vigne, non-seulement il faut défoncer, planter, soigner et attendre trois ans, mais encore il faut installer des caves, posséder un matériel très-coûteux ; il est donc nécessaire, pour une pareille exploitation, de pouvoir engager de grosses sommes et en attendre le produit, qui est, du reste, très-sérieux.

Quant à l'olivier, il faut le débroussailler à une certaine distance, le greffer, l'ébourgeonner plusieurs fois pendant les deux ou trois premières années, puis attendre de cinq à sept ans avant qu'il commence à rapporter.

Les personnes qui ont un nombre considérable de ces arbres sont, en outre, obligées d'installer un petit moulin à manège pour éviter les frais de mouture et de transport, qui deviendraient considérables, vingt litres d'olives produisant environ trois litres et demi d'huile.

Quant aux bœufs, il est évident qu'il faut avoir un roulement de fonds suffisant, ceci n'a pas besoin d'explication.

Enfin, pour le tabac, ce n'est plus une dépense d'argent qu'il faut, mais une dépense de travail assez grande pour qu'une famille même nombreuse ne puisse en cultiver qu'une très-petite quantité.

En lisant ce qui précède on comprend facilement que les personnes sans ressources qui arrivent dans le pays ne peuvent se retirer d'affaire que très-difficilement, même avec des concessions gratuites.

C'est pour cela que nous sommes ennemi de cette méthode, partant de ce principe qu'en amenant les capitaux dans le pays, on verrait se produire ce qui a lieu partout ailleurs, c'est-à-dire un grand mouvement dans la population.

Comment pourrait-on supposer, par exemple, qu'une personne possédant entre vingt et cent hectares de vignes ne serait pas obligée d'avoir chez elle des vignerons, etc., etc., en raison des soins et du travail constant inhérents à ce genre d'exploitation. C'est cette culture, du reste, qui est appelée, avec l'olivier, à faire la fortune réelle du pays.

On ne peut que se louer de la rapidité avec laquelle se plantent les vignes en Algérie dans ce moment, et la statistique devra relever une augmentation énorme dans les nouvelles plantations.

Nous ne pousserons pas plus loin nos observations sur un sujet que nous n'avons pu étudier que d'après nos voisins. Mais une partie sur laquelle nous croyons pouvoir nous permettre de faire quelques observations est l'installation des olivettes.

Il existe encore dans la colonie, malgré les dégâts qui ont été faits, cent millions au moins d'oliviers non greffés qui, d'ici à six ou sept ans, pourraient produire net au moins cent millions de bénéfices, produit au moins doublé dans dix ou quinze ans. Le revenu brut est de près d'une moitié en plus, et cette différence serait répandue dans le pays sous forme de salaire ou de transport.

Quelques rares propriétaires commencent à se préoccuper d'un rapport aussi considérable.

Il faut dire, à la décharge des colons, que la plus grande partie de ces arbres se trouve réunie par groupes souvent de plusieurs milliers dans les communaux et autres parties non livrées encore à la colonisation.

Il est même une chose que nous tenons à constater, c'est que ces parties seront fatalement détruites dans peu d'années si on ne s'occupe pas de suite de leur donner un propriétaire qui les aménage.

En voici la raison : d'abord, en été, l'herbe étant rare, les Arabes en brisent de fortes branches pour faire brouter leurs animaux, qui sont très-friands de leurs feuilles.

Ensuite ce sont les colons qui choisissent les plus jolis morceaux de petite dimension pour en faire des cannes, et, quant aux plus gros, ils les coupent aussi, soit pour faire des rais de roues, soit pour différents usages.

Des courtiers viennent même dans le pays enlever le fruit de leurs rapines. On doit comprendre facilement qu'avec ce système tout disparaîtra bientôt et qu'il ne restera plus que les quelques arbres trop gros ou trop laids pour avoir tenté ces spéculateurs.

Qu'il nous soit permis d'élever la voix pour prendre le parti de cet important produit et de dire que, si on ne met pas immédiatement ces arbres en état de culture, il sera impossible de faire croire dans un certain nombre d'années qu'on ait pu rencontrer une pareille inertie devant un intérêt de cette importance.

A ceci il n'y a qu'un seul remède, c'est de faire entrer dans les terrains de colonisation toutes les parties où se trouvent des bois d'oliviers ; quand ils auront un propriétaire, celui-là saura bien faire respecter ce qui lui appartient. Tandis que, dans l'état actuel, la surveillance de ces endroits est une chose presque impossible pour l'administration, qui ne peut qu'interdire de faire le mal, sans posséder les moyens de l'empêcher.

Autrefois toutes les parties de l'Algérie habitées presque exclusivement par des Arabes étaient dirigées par des officiers sous le nom de bureau arabe.

Aujourd'hui ces officiers ont encore conservé exclusivement la direction des parties du territoire habitées par les indigènes seuls. On a créé, pour les parties où les Arabes se trouvent mélangés à une petite proportion de Français, une administration civile et donné le nom de commune mixte à ces territoires.

Le but de cette division était de laisser, d'une part les Arabes sous une direction qui leur convenait indiscutablement mieux que tout autre, et de donner, d'autre part, aux territoires habités par des colons, une administration tenant le milieu entre la commune de plein exercice et le régime du territoire militaire.

C'est sur cette dernière combinaison que nous voulons faire quelques observations. Il est toujours fort difficile de réunir deux choses complètement opposées et d'en faire un tout homogène. Aussi ne faut-il pas s'étonner si l'on n'a réussi qu'à demi dans l'essai d'un système qui, nous l'espérons, ne sera pas transitoire.

La fusion que l'on rêvait, de l'élément civil et de l'élément militaire, ne s'est pas opérée en fait. C'est toujours le bureau arabe qui, sous un autre nom, a continué à fonctionner et qui se trouve avoir englobé les colons sous sa juridiction, en sauvant toutefois les apparences et en ayant l'air de donner, à ces agglomérations d'intérêts, des garanties qui n'existent pas par le fait.

L'organisation est celle-ci : chaque commune possède un maire prenant le nom d'administrateur, un ou deux adjoints l'aidant particulièrement pour l'administration de la partie arabe et d'autres adjoints se trouvant dans chaque partie européenne de la commune et servant d'intermédiaires entre l'administration et les colons.

En outre de cette organisation, un conseil municipal est nommé par le préfet dans la partie européenne et se réunit avec les cheicks de la commune lors des séances.

Comme on le voit, l'idée qui a présidé à cette organisation paraît être jusqu'à un certain point assez libérale, mais dans l'application surgissent des difficultés réduisant effectivement à rien le rôle des conseils municipaux, qui pourtant couvrent l'administration.

Ainsi dans ces communes, dont le territoire ne peut être souvent comparé qu'aux arrondissements les plus considérables de France, il est très-difficile de réunir les Européens en conseil, au siége de la commune, en raison des distances. S'ils viennent ils arrivent juste pour l'ouverture de la séance, qui ne peut être que fort courte, parce que chacun tient à être rentré chez lui avant la nuit. Or, dans ces séances écourtées, les délibérations portent souvent sur un budget de cent mille francs et plus.

Comment, dans ces conditions, les conseillers pourraient-ils se rendre compte de ce qui a été fait, de ce qui doit être fait, en un mot, de ce qu'ils signent?

Nous avons nous-même fait partie d'un conseil municipal pendant plusieurs années et nous affirmons que ni nous, ni aucun de nos collègues, ne serait capable de rendre compte, en quoi que ce soit, des budgets qu'il a votés.

Ce semblant de méthode française dans l'administration des communes mixtes nous paraît une grave erreur. C'est une ombre sans réalité.

Il faut absolument recourir à des moyens de contrôle plus efficaces que ceux employés jusqu'à présent.

Nous serions au désespoir si quelqu'un pouvait supposer qu'en écrivant ce qui précède nous ayons la pensée de faire des insinuations contre l'honorabilité des personnes actuellement dans l'administration.

Nous croyons même qu'elles seront les premières à nous approuver, puisque ce que nous demandons est de les voir à l'abri d'attaques mal sonnantes et n'ayant aucun fondement.

Il y a encore un vice dans la puissance énorme laissée aux administrateurs, c'est le peu de désir qu'inévitablement ils ont de voir cette puissance diminuer en même temps que s'augmenterait le travail qui leur incombe.

Or, c'est le résultat qu'amènerait infailliblement le développement des installations nouvelles de l'élément européen. Il est donc bien difficile qu'ils apportent beaucoup de bonne volonté à favoriser ce développement.

Expliquons notre idée :

Admettons que l'on arrive à créer la propriété individuelle chez l'indigène, quelle en sera la conséquence immédiate? Deux, trois, quatre Français achèteront des parties au milieu des tribus et ne pourront pas accepter la même manière d'être conduits que les Arabes.

D'autre part, ces derniers étant eux-mêmes devenus propriétaires et mêlés aux colons, ne seront plus autant sous la domination administrative. De là pourront naître certains tiraillements.

Le travail se trouvera fort augmenté et le pouvoir diminué d'autant. Il ne faut pas demander à des hommes plus qu'on ne peut en obtenir, et il est bien difficile d'exiger que, de gaieté de cœur, on abandonne des avantages pour prendre des charges.

N'est-il pas même dans notre nature de croire que ce qui est bien pour nous est bien pour tout le monde ? C'est donc à l'administration supérieure que s'adresse cette partie de notre travail. C'est à elle d'entraîner ses inférieurs dans la voie des améliorations et de récompenser ceux qui y seront entrés sans arrière-pensée.

———

Nous disions dans le petit travail que nous avions fait l'année dernière que l'on avait tort de changer si souvent le personnel des préfectures et des sous-préfectures.

Nous disions que les fonctionnaires ayant acquis quelque connaissance du pays et commençant à être au courant de ce qui s'y passe étaient à tout moment remplacés par d'autres, qui étaient à leur tour obligés de faire un apprentissage au détriment de la colonisation.

Ce qui était vrai l'année dernière l'est encore cette année, et nous insistons pour que l'on ne confie de position administrative qu'à des personnes qui consentiraient à passer dans le pays au moins une dizaine d'années. On pourrait facilement donner de l'avancement à ceux qui le mériteraient, sans leur faire quitter la colonie, et l'on aurait ainsi une administration capable de la diriger et d'en augmenter la prospérité.

Pour les employés qui sont attachés aux bureaux, nous désirerions en voir augmenter le nombre, ce qui permettrait à leurs chefs d'exiger que les affaires soient tenues au courant.

En Algérie, tout devrait marcher plus vite qu'en France, et c'est le contraire qui arrive ; tout se fait avec une lenteur dont rien ne peut donner une idée, même notre bureaucratie.

Aujourd'hui la résistance d'un employé arrête souvent d'une manière définitive les ordres venus d'en haut.

Les bureaux étant habitués à voir les gens qui sont à leur tête changer à tout moment et par conséquent n'être au courant de rien, ont pris une puissance telle qu'il faudra une main très-ferme pour en venir à bout.

C'est à eux que s'applique principalement ce que nous disions plus haut sur le peu d'impulsion donnée à la colonisation dans certains endroits, par le fait que son augmentation correspondait à une augmentation considérable de travail.

Cette apathie et quelquefois même cette mauvaise volonté que l'on voit apparaître dans certaines circonstances tient à la raison précédente et aussi à une autre que nous allons tâcher d'expliquer.

Comme chacun le sait, les terres sont distribuées gratis et quelquefois vendues. Dans ce dernier cas les sommes fixées pour l'achat sont tellement peu considérables que par le fait le don existe quand même.

Ainsi chaque colon qui s'installe reçoit un cadeau qui lui est fait ou tout au moins accordé par l'administration; il n'est donc pas bien extraordinaire que les employés n'apportent que peu d'empressement à vous mettre en possession d'un avantage qu'il leur est interdit d'obtenir pour eux-mêmes.

Ceci vient encore ajouter un argument à ce que nous disions plus haut sur les adjudications fixées à un prix raisonnable.

Tâchons donc d'arriver à la prompte exécution des affaires. Augmentons, s'il le faut, le nombre des employés et renvoyons ceux qui ne peuvent pas tenir leur besogne au courant. Nous parlons ici tout aussi bien des bureaux du ministère de l'intérieur que du gouvernement général et des préfectures.

Evitons de confier les postes les plus importants

à des personnes ayant la prétention d'administrer de loin.

Nous en connaissons, ayant une influence énorme sur l'avenir de notre colonie, qui ne l'ont jamais visitée et n'en connaissent ni les habitants ni les besoins.

Continuer à les laisser faire, dans ces conditions, une pareille besogne, n'est-ce pas une folie?

Il est évident pour nous que, dans ce moment, la France désire achever sa colonisation ; c'est pour cela que nous avons cru devoir dire entièrement ce que nous pensons ; heureux si ce petit travail pouvait être la cause d'une amélioration quelconque !

Paris. — Imp. Balitout, Questroy et Cⁱᵉ, 7, rue Baillif.

PARIS

IMPRIMERIE BALITOUT, QUESTROY ET Ce

7, RUE BAILLIF, ET RUE DE VALOIS 18